新时代中国优秀广播电视作品案例库

中国广播电视大奖新媒体展示手册
2017—2018 年度广播电视节目奖获奖作品

范卫平 主编

中国传媒大学出版社
·北京·

序言

中国广播电视大奖是经全国评比达标表彰工作协调小组批准设立的国家级广播电视优秀节目政府奖,旨在检阅我国广电系统宣传贯彻落实习近平总书记关于宣传舆论工作重要指示精神的年度成果,发挥优秀作品的示范作用,推动广电媒体坚持马克思主义新闻观、文艺观,积极宣传党的主张,深入反映群众呼声,唱响主旋律,传播正能量,努力提高新闻舆论传播力、引导力、影响力、公信力,巩固壮大主流思想舆论,为党和国家工作大局凝聚强大舆论力量、营造良好舆论氛围;引导广播电视工作者增强“四个意识”,坚定“四个自信”,做到“两个维护”,牢记职责使命,践行“四向四做”,增强“脚力、眼力、脑力、笔力”,保持人民情怀,记录伟大时代,讲好中国故事,传播中国声音,守正创新,做好新形势下新闻舆论工作,为实现“两个一百年”的奋斗目标和中华民族伟大复兴的中国梦不断作出更大贡献。该奖项由国家广播电视总局主办,中国广播电视社会组织联合会承办。目前每两年评选一届,每年评选上一年度的节目。

目 录

广播类大奖

消息类

评论类

专题类

现场直播类

栏目类

对外传播类

对港澳台类

广播剧类

广播文艺类

电视类大奖

消息类

评论类

专题类

现场直播类

栏目类

对外传播类

中国广播电视大奖

广播类大奖 · 消息

作品标题

联合国最高环境荣誉奖项首次花落河北，塞罕坝机械林场建设者荣获“地球卫士奖”

作品信息

河北广播电视台

作品类型：广播类·消息
刊播单位：河北广播电视台
报送单位：河北省广播电视协会
主创人员：王谦、赫振贤、戈希庭、王智博
作品时长：1 分 29 秒
播出栏目：《天天天下》
首发日期：2017 年 12 月 6 日

推荐理由

短消息围绕“绿水青山就是金山银山”的理念谋篇布局，于“地球卫士奖”颁奖当天在全省播出。消息播发后，很多听众打电话或者在河北广播电视台综合频率官方微博、微信上留言，为塞罕坝林场建设者点赞，为美丽河北点赞，更向美丽中国表达祝福与热爱。

作品简介

为记录并报道塞罕坝林场建设者荣获 2017 年联合国环保最高荣誉——“地球卫士奖”，记者提前做了很多功课，走进塞罕坝林场实地接触三代林场人，倾听他们的青春故事，并参观纪念馆。

新媒体展示

使用手机扫描下方二维码，即可观看本条获奖作品的新媒体展示。

作品标题

北京最后一台燃煤发电机组今天关停，本市结束百年燃煤发电史

作品信息

作品类型：广播类·消息
刊播单位：北京广播电视台
报送单位：北京广播电视台
主创人员：肖佳佳
作品时长：2分47秒
播出栏目：《整点快报21点》
首发日期：2017年3月18日

推荐理由

事件关注度高，空气污染治理一直是北京这几年的重大工程。华能热电厂是北京四大热电厂之一，燃煤机组关停对清洁空气具有重大意义，同时它又标志着北京结束了一百年的燃煤发电历史。报道本身有故事，有情怀。

新媒体展示

使用手机扫描下方二维码，即可观看本条获奖作品的新媒体展示。

作品简介

报道不局限于华能燃煤机组关停这一事件，而是通过故事回顾北京百年燃煤发电史。报道用听众喜闻乐见的方式讲述北京在治理空气污染方面采取的有力措施，得到听众好评，也获得相关单位的高度评价。

作品标题 习近平总书记批评经济数据造假

作品信息

中央广播电视总台

作品类型：广播类·消息
刊播单位：中央广播电视总台(央广)
报送单位：原中央人民广播电台学会
主创人员：马闯、刘乐、刘会民、赵雪花
作品时长：2分19秒
播出栏目：《新闻和报纸摘要》
首发日期：2017年3月8日

推荐理由

记者突出了总书记关注的热点问题："虽然你们拿出来的这个数字好像不太好看，但是我觉得实际上很好看，它是一个光明磊落的数字。"总书记的这句话给各地干部吃了定心丸，稿件被多个门户网站转载，效果良好。

作品简介

2017年全国"两会"期间，习近平总书记参加多个代表团审议，在辽宁团审议时，总书记就社会关注的热点——辽宁数据造假发表了看法，强调要脚踏实地。记者将总书记的原声呈现给观众。

新媒体展示

使用手机扫描下方二维码，即可观看本条获奖作品的新媒体展示。

作品标题 江西井冈山市在全国率先脱贫“摘帽”

作品信息

作品类型：广播类 · 消息
刊播单位：江西广播电视台
报送单位：中国广播电影电视社会组织联合会对农广播宣传工作委员会
主创人员：李程、何淑华、袁芸
作品时长：3 分 21 秒
播出栏目：《惠农直播室》
首发日期：2017 年 2 月 27 日

推荐理由

井冈山是中国革命的摇篮，为了中华人民共和国的建立，井冈山人民做出了巨大的贡献。为了实现全面建设小康社会的奋斗目标，井冈山市在全国率先脱贫，圆满完成了总书记的嘱托，人民群众的生活也向着小康稳步迈进。

新媒体展示

使用手机扫描下方二维码，即可观看本条获奖作品的新媒体展示。

作品简介

2016 年 2 月，习近平总书记到井冈山视察时明确表示：井冈山要在脱贫攻坚中做示范，带好头。2017 年 2 月 26 日，井冈山市通过国家相关部门严格鉴定验收后，正式宣布率先在全国脱贫摘帽。

作品标题　共享单车乱象何时休？

作品信息

作品类型：广播类·消息
刊播单位：上海广播电视台
报送单位：上海市广播电视协会
主创人员：车润宇、周导、孟诚洁、胡旻钰
作品时长：4 分 09 秒、3 分 47 秒、3 分 52 秒
播出栏目：《990 早新闻》
首发日期：2017 年 8 月 16 日、17 日、29 日

推荐理由

这组关于共享单车的连续报道，有力推动了共享单车的规范管理。上海作为特大型城市，一系列行之有效的管理措施彰显了其精细化的管理理念，也为其他城市提供了借鉴与参考。此后一段时间里，全国陆续有十多个城市叫停了共享单车的新增投放。

作品简介

2017 年 8 月起，共享单车企业为了抢占市场，无节制加大投放量。过度投放导致乱象丛生，侵占社会资源，影响居民出行。该报道呼吁，市场这只手已经失灵，政府管理的手要把牢方向，规范共享单车的发展。

新媒体展示

使用手机扫描下方二维码，即可观看本条获奖作品的新媒体展示。

作品标题 世界上最长的大桥——港珠澳大桥今天开通

作品信息

作品类型:广播类·消息
刊播单位:珠海广播电视台
报送单位:广东省广播电视协会
主创人员:黄华、张清灿、张伟、何静
作品时长:3 分 59 秒
播出栏目:《珠海晚新闻》
播出日期:2018 年 10 月 23 日

推荐理由

作品主题重大、制作精良、采访全面。港珠澳大桥正式开通,举世瞩目,报道全方位、立体呈现了世界最长的跨海大桥——港珠澳大桥正式开通的历史时刻,层次清晰,层层递进,为这一重大历史事件留下了珍贵的声音档案。

新媒体展示

使用手机扫描下方二维码,即可观看本条获奖作品的新媒体展示。

作品简介

历经 6 年筹备、9 年建设,2018 年 10 月 23 日,港珠澳大桥正式开通。开通仪式在大桥珠澳口岸人工岛举行。中共中央总书记、国家主席、中央军委主席习近平出席仪式,宣布大桥正式开通并巡览大桥。

作品标题　照片背后的无名英雄

作品信息

作品类型：广播类·消息
刊播单位：吉林人民广播电台
报送单位：吉林省广播电视协会
主创人员：商越洋、李麟霖
作品时长：3分15秒、3分45秒、3分30秒
播出栏目：《全省新闻联播》
播出日期：2017年8月1日—3日

推荐理由

该系列报道结构精巧、故事感人、文字优美。作品不拘泥于传统抗洪抢险救灾报道立足的主战场，虽未追求第一时间第一现场但另辟蹊径，选择了侧面报道的方式，其综合传播力并未被削弱反而有所加强。

作品简介

2017年夏，吉林省吉林市遭遇大暴雨侵袭，发生了严重洪涝灾害，作者以三组照片为切入点分别展开报道，通过普通人不普通的故事，展现了灾难面前舍小家为大家、一方有难八方支援的时代之美、人性之美。

新媒体展示

使用手机扫描下方二维码，即可观看本条获奖作品的新媒体展示。

作品标题　碧水蓝天荆楚梦

作品信息

作品类型：广播类·消息
刊播单位：湖北广播电视台
报送单位：湖北省广播电视学会
主创人员：集体
作品时长：4 分 35 秒、2 分 50 秒、4 分 50 秒
播出栏目：《湖北新闻》
播出日期：2017 年 11 月 30 日、12 月 2 日、12 月 4 日

推荐理由

湖北之声多路记者分路追寻水系脉络，问道河湖长制，深入、生动地反映了这一改革举措给老百姓生活和观念变化带来的影响。节目播出后多次得到业界专家的好评，在湖北全省营造了关心江河湖库的浓厚氛围，并促使各方快速付诸行动。

新媒体展示

使用手机扫描下方二维码，即可观看本条获奖作品的新媒体展示。

作品简介

作品反映了湖北全面落实河湖长制，建设湖北特色生态文明的现状，着墨碧水、观照蓝天，梦想擦亮现实，紧扣时代脉搏。作品以水系流域为视角，在湖北乃至全国首次纵深、全景展现了这一重大制度创新的最新成效，大气磅礴，气贯长虹。

作品标题 全球首次在热带沙漠种植水稻成功收获

作品信息

山东广播电视台

作品类型:广播类·消息
刊播单位:山东广播电视台
报送单位:山东省广播电视协会
主创人员:党培哲、韩信、杨珂
作品时长:3 分 06 秒
播出栏目:《山东新闻》
播出日期:2018 年 7 月 24 日

推荐理由

在热带沙漠地区种植海水稻是史无前例的尝试,可谓“好的发现”;用浅显语言、流畅叙事呈现种植过程,可谓“好的表现”。该作品是“好的发现”与“好的表现”的和谐统一。

作品简介

2018 年 7 月 22 日,由袁隆平院士带领的青岛海水稻研发团队克服各种极限挑战,在迪拜沙漠成功收获首季海水稻,标志着全球首次在热带沙漠种植水稻获得成功,这一成果将对保障世界粮食安全发挥重大作用。

新媒体展示

使用手机扫描下方二维码,即可观看本条获奖作品的新媒体展示。

中国广播电视大奖

广播类大奖·评论

作品标题 “责任状”岂能满天飞

作品信息

作品类型：广播类 · 评论
刊播单位：来安县广播电视台
报送单位：安徽省广播电影电视联合会
主创人员：史克昌、王立业、王代祥、江诗画
作品时长：4分12秒
播出栏目：《来安新闻》(广播)
播出日期：2017年10月12日

推荐理由

该作品由点到面，深刻阐释了当前基层“责任状”只是流于表面，不仅起不到应有的作用，反而遮蔽了责任、混淆了责任。记者通过走访相关部门，寻找解决方案，倡导了“事业要靠大家干，责任要靠大家承担”的工作理念。

作品简介

记者在秋收采访农户秸秆禁烧时，无意中发现当前基层的“责任状”签订问题。记者通过采访农户、村镇相关人员，层层剥茧抽丝，反映出基层“责任主管”存在的种种问题。

新媒体展示

使用手机扫描下方二维码，即可观看本条获奖作品的新媒体展示。

作品标题 环保回头看上演“甩锅”大战

作品信息

作品类型：广播类·评论
刊播单位：重庆广播电视集团(总台)
报送单位：重庆市广播电视协会
主创人员：李莉、李陈果、梁志宇
作品时长：10 分
播出栏目：《交广关注》
播出日期：2018 年 12 月 11 日

推荐理由

评论既有深度，又接地气，符合广播评论短平快的特点。现场采访音响突出，主持人评论敢于揭短，播发后听众反响热烈，对我国的环境保护工作起到了良好的媒体监督作用。评论播发后得到环保部门的积极回应，促使问题得到落实和整改。

新媒体展示

使用手机扫描下方二维码，即可观看本条获奖作品的新媒体展示。

作品简介

针对中央环保督察组点名批评的问题，记者深入一线进行“回头看”采访。生动的音响展现了“甩锅”大战的过程，稿件可听性极强。同时，记者还深入浅出地评论事件本身，用生动的排列比喻来避免评论的晦涩，符合广播传播的特性。

作品标题 “痕迹主义”可以休矣

作品信息

作品类型:广播类·评论
刊播单位:河南广播电视台
报送单位:河南省广播电视协会
主创人员:王昊、陈德年、李忠、李金锋
作品时长:6 分 47 秒
播出栏目:《事事关心》(早间版)
播出日期:2018 年 12 月 19 日

推荐理由

这篇广播评论站位高、立意新、直面社会热点问题,为基层减负工作起到积极的推动作用,对深化理解习近平总书记“纠正‘四风’不能止步,作风建设永远在路上的”重要指示,起到了积极的促进作用。

作品简介

记者敏锐地关注到“痕迹主义”现象,通过对基层干部群众、专家及省纪委工作人员的采访,对河南鲁山县河道非法采砂事件、河南农大闹市区养鸡场拆迁难等典型案例进行深入剖析、深入论述,鲜明地提出“痕迹主义”可以休矣的观点。

新媒体展示

使用手机扫描下方二维码,即可观看本条获奖作品的新媒体展示。

作品标题 科学家的弦外之音，谁来听

作品信息

作品类型：广播类·评论
刊播单位：扬州广播电视台
报送单位：江苏省广播电影电视协会
主创人员：庞丹阳、姜倩雯、李军
作品时长：9 分 54 秒
播出栏目：《985 新闻》
播出日期：2018 年 1 月 11 日

推荐理由

本篇评论敢于直面问题，论述层层推进，声音元素丰富，展现了主流媒体的责任与担当。作品引起了政府相关部门的高度重视，扬州科技部门迅即为杨建昌教授与企业“牵红线”、促合作，推动了产学研深度融合。

作品简介

当大家沉浸在斩获年度国家科学技术奖的喜悦中时，主创人员道出一位科学家真正的追求——不需要媒体渲染科学家们的辛苦，但急需政府部门来做科研创新成果转化的“知音”。作品一步步地将听众带入论点，引发听众深一层的思考。

新媒体展示

使用手机扫描下方二维码，即可观看本条获奖作品的新媒体展示。

作品标题

引导意义大于实际效果,非强制更显文明风尚
——评深圳地铁全国首设女性优先车厢

作品信息

作品类型:广播类·评论
刊播单位:深圳广播电影电视集团
报送单位:广东省广播电视协会
主创人员:林然、叶莹、瞿芳、姜雨辰
作品时长:5 分 58 秒
播出栏目:《深圳早班车》
播出日期:2017 年 6 月 27 日

推荐理由

本篇评论在结合多方说法的基础上,综合具体数据对女性车厢这一话题进行评论,材料丰富,论证翔实。最后落脚点放到引导意义上,也突出了主创人员作为媒体人的责任感,希望大家能够正确、理性地看待女性车厢。

新媒体展示

使用手机扫描下方二维码,即可观看本条获奖作品的新媒体展示。

作品简介

2017 年 6 月 26 日,深圳地铁公司决定设置“女士优先车厢”,优先供女性乘客使用。记者发现市民对这一做法持不同态度,于是深入采访,汇集多方人士的声音,全面客观地反映大家对女性车厢这一现象的看法。

中国广播电视大奖

广播类大奖·专题

作品标题 听总书记讲故事

作品信息

作品类型：广播类·专题
刊播单位：上海广播电视台
报送单位：上海市广播电视协会
主创人员：集体
作品时长：3 分 32 秒、3 分 41 秒、3 分 49 秒
播出栏目：《990 早新闻》
播出日期：2017 年 9 月 5 日—10 月 14 日

推荐理由

《听总书记讲故事》创新地将重大新闻题材与广播剧这一艺术形式相结合，以导向鲜明、结构巧妙、声音丰富、匠心制作为特色，使得主旋律更加响亮，文化自信得到彰显，为增强中国故事的说服力、感召力作出有益的探索。

作品简介

党的十九大召开前夕，上海广播电视台推出《听总书记讲故事》系列专题，选取习近平总书记提及的古今中外故事，用自创微型广播剧、自采报道等形式还原故事语境，生动展现了总书记治国理政的新理念、新思想、新战略。

新媒体展示

使用手机扫描下方二维码，即可观看本条获奖作品的新媒体展示。

作品标题 山西和顺矿难瞒报真相调查

作品信息

作品类型：广播类·专题
刊播单位：中央广播电视总台(央广)
报送单位：原中央人民广播电台学会
主创人员：康维佳、岳旭辉、肖源、贺威通
作品时长：9分11秒
播出栏目：《新闻纵横》
播出日期：2017年8月16日

推荐理由

作品调查深入，勇于担当，对揭露事故瞒报发挥了关键作用，展示了舆论监督的力量；传播效果显著，社会影响大，引起国务院安委办和山西省委省政府高度关注，促进了对事故瞒报的查处。

新媒体展示

使用手机扫描下方二维码，即可观看本条获奖作品的新媒体展示。

作品简介

该报道采用层层剥笋、逐次递进的方式，对矿方、政府部门、遇难者家属、证人等进行采访，展示了记者顺藤摸瓜、寻找真相的过程，揭示了瞒报利益链条的各个环节，充分表现出不同利益方的态度，直至真相水落石出。

作品标题　穿越四十年对话高考

作品信息

作品类型：广播类 · 专题
刊播单位：北京广播电视台
报送单位：北京市广播影视协会
主创人员：史喻、吴思
作品时长：10 分 30 秒
播出栏目：《新闻热线》周末版
播出日期：2017 年 6 月 4 日

推荐理由

在恢复高考四十周年的时间节点，节目非常难得地在一次性的节目采制过程中，让两位当事人带着对彼此的好奇与关切，在行进中完成对话。节目采用现实与回忆穿插的构架，串以“大事记”旁白，有新闻纪录片的质感。

作品简介

2017 年是我国恢复高考四十周年，该新闻专题精心策划，邀请 1977 年恢复高考后的第一届高考生对话即将参加高考的高三学生，让新老考生跨越四十年共话高考，展现改革开放近四十年给我国学子以及社会生活带来的巨大改变。

新媒体展示

使用手机扫描下方二维码，即可观看本条获奖作品的新媒体展示。

作品标题　地质宫不熄的灯光

作品信息

作品类型：广播类·专题
刊播单位：吉林人民广播电台
报送单位：吉林省广播电视协会
主创人员：李麟霖、郝滋丽、黄云鹤、邢薇、王林、朴英录
作品时长：14分21秒
播出栏目：《全省新闻联播》
播出日期：2017年10月15日

推荐理由

该作品以“地质宫不熄的灯光”比喻黄大年“至诚报国”的爱国情怀、敬业精神和高尚情操，主题鲜明、材料典型、背景扎实、前后呼应，以纪录片式的叙事风格塑造了黄大年的生动形象。作品中的音响动人心弦、催人泪下。

新媒体展示

使用手机扫描下方二维码，即可观看本条获奖作品的新媒体展示。

作品简介

黄大年是习近平总书记号召学习的“时代楷模”，他的事迹感动了无数国人。作者深入采访了黄大年团队多位核心成员、同事和学生，积累了大量珍贵的音响资料，试图通过声音的魅力去追寻一颗赤子之心。

作品标题 从农民工到问鼎世界技能大赛

作品信息

作品类型:广播类·专题
刊播单位:天津广播电视台
报送单位:天津市广播电视协会
主创人员:赵晗菁
作品时长:14 分 52 秒
播出栏目:《早观天下》
播出日期:2017 年 11 月 10 日

推荐理由

本篇报道通过小人物的成长历程展现出时代大背景,人物描写突出细节,内容紧凑,通过细节展现出工匠精神的精髓。报道通过讲故事的形式向世人解读了十九大报告提出的重要论述,与十九大精神和要求同频共振。

作品简介

作为一名负责户外光缆安装的农民工,梁嘉伟经过系统培训与刻苦训练,获得了第 44 届世界技能大赛信息网络布线项目的金牌。他的经历体现出中国蓝领工人身上独有的工匠精神。

新媒体展示

使用手机扫描下方二维码,即可观看本条获奖作品的新媒体展示。

作品标题 保持通话

作品信息

作品类型：广播类·专题
刊播单位：辽宁广播电视台
报送单位：辽宁省广播电视局
主创人员：那其灼、房磊、邸玉玲
作品时长：7 分
播出栏目：《新闻相对论》
播出日期：2018 年 2 月 28 日

推荐理由

这是一部体现新闻工作者“四力”的经典之作，作品关注了一场生死时速的紧张救援，抓住了普通人身上的闪光一瞬，采用双线索的叙事方式，创造性地使用声音元素，打造了一部短小精悍、扣人心弦、引人赞叹的广播纪录片。

新媒体展示

使用手机扫描下方二维码，即可观看本条获奖作品的新媒体展示。

作品简介

该作品讲述了大连市普兰店区 120 急救中心调度员与煤烟中毒的求救者保持通话 46 分钟，并与前方急救人员、警方密切配合，最终成功找到中毒者并实施救助的紧张故事。

作品标题　回　家

作品信息

作品类型：广播类 · 专题
刊播单位：四川广播电视台
报送单位：四川省广播电视协会
主创人员：陈军、张欣、邓婕
作品时长：26 分 46 秒
播出栏目：《新闻关注度》
播出日期：2018 年 12 月 31 日

推荐理由

主创团队克服高原反应、气候寒冷、语言差异等阻碍，深入少数民族地区采访，彰显媒体情怀。作品匠心制作、精致大气，大量丰富的现场音响、采访录音、音乐运用巧妙得当；语言生动，有细节、有深度、有感染力。

作品简介

黑颈鹤是世界上唯一生长和繁殖在高原的鹤，而四川省阿坝藏族羌族自治州若尔盖县被誉为“中国黑颈鹤之乡”。2018 年，主创团队在全年分季节三次前往若尔盖县，收集了上百小时的声音素材。

新媒体展示

使用手机扫描下方二维码，即可观看本条获奖作品的新媒体展示。

作品标题　爱要坚定往前走

作品信息

作品类型：广播类·专题
刊播单位：新疆广播电视台
报送单位：新疆广播电视协会
主创人员：陈宏伟、佟慧娟、王璇、董智勇
作品时长：15 分 43 秒
播出栏目：《访惠聚之声》
播出日期：2018 年 12 月 16 日

推荐理由

玛丽亚·卡德尔冲破宗教极端思想束缚，与汉族丈夫岳磊一同追求幸福的故事，是新疆严厉打击“三股势力”这一宏大叙事中的小小浪花，是各族人民挣脱愚昧、奔向现代文明生活的豪迈脚步，是礼赞追梦、赢得幸福的时代之歌。

新媒体展示

使用手机扫描下方二维码，即可观看本条获奖作品的新媒体展示。

作品简介

2018 年 8 月 3 日，被迫假离婚 13 年的玛丽亚·卡德尔和丈夫岳磊在驻哈密市北郊路社区“访惠聚”工作队的帮助下，摆脱宗教极端思想的束缚，举行了复婚仪式，并在抖音上勇敢地晒出了他们的幸福照。

作品标题

大雾锁椰城，温暖回家路——188 小时港口应急直播

作品信息

海口广播电视台
HKBTV

作品类型：广播类 · 专题
刊播单位：海口广播电视台
报送单位：海南省广播电视协会
主创人员：李晓桃、张恒、赵欣、王珍、王兴晨
作品时长：17 分 34 秒
播出栏目：特别节目
播出日期：2018 年 2 月 21 日

推荐理由

节目以直播形态呈现，风格轻松、亲切，缓解了听众焦躁的情绪；直播场地特殊，直播间被搬到了海口的三大港口；节目成效显著，展现出海口全国文明城市的风范。

作品简介

2018 年春节期间，受罕见的大雾天气影响，琼州海峡不间断停航，导致数万辆汽车、数十万旅客滞留港口，引发全国关注。海口旅游交通广播第一时间启动港口应急直播，累计现场直播时间长达 188 小时，创历史纪录。

新媒体展示

使用手机扫描下方二维码，即可观看本条获奖作品的新媒体展示。

作品标题　紧急救援，爱在杭城涌动

作品信息

作品类型：广播类 · 专题
刊播单位：浙江广播电视集团
报送单位：浙江省广播电影电视学会
主创人员：集体
作品时长：6 分 24 秒
播出栏目：《浙广早新闻》
播出日期：2017 年 7 月 22 日

推荐理由

该报道善于抓住细节，描写生动，情节真实感人，有深度，传播了正能量。稿件播出后引发强烈的社会反响，让人们感受到了社会正能量。这组报道还通过浙江之声官方网站进行了线上传播，听众和网友纷纷留言，为媒体的社会责任感点赞。

新媒体展示

使用手机扫描下方二维码，即可观看本条获奖作品的新媒体展示。

作品简介

7 月 21 日早上 8 点左右，杭州市西湖区一家餐饮店突然发生爆炸，多路记者第一时间赶赴事发现场和医院。该报道抓住突发事件的第二落点，采访全面，见证了爱在杭城涌动的感人场面。

作品标题　跨越“富饶的贫困”

作品信息

作品类型:广播类 · 专题
刊播单位:贵州广播电视台
报送单位:贵州省广播电影电视协会
主创人员:谢红娟、王庆江、黄瑾
作品时长:17 分 50 秒
播出栏目:《午间关注 · 身边》
播出日期:2017 年 12 月 28 日

推荐理由

本篇报道通过采访,找到造成赤水贫困的主要原因,稿件以“路”为纽带,以一个“通”字串联起不同的人物故事,展现出路通百业兴的主题。报道层层递进、主题明确,展现出当地干部群众决战贫困的精神风貌。

作品简介

2017 年 10 月 31 日,贵州省人民政府发布公告,宣布赤水成为贵州首个脱贫摘帽的贫困县。记者在广泛阅读材料的基础上,前往赤水进行一周的实地采访,积累了大量鲜活的素材。

新媒体展示

使用手机扫描下方二维码,即可观看本条获奖作品的新媒体展示。

作品标题　生死雷场，青春绽放

作品信息

作品类型：广播类·专题
刊播单位：云南广播电视台
报送单位：云南省广播电视学会
主创人员：范龄文、李丹、李建文、钱岩
作品时长：25 分 15 秒
播出栏目：《云广新闻》
播出日期：2018 年 12 月 30 日

推荐理由

作品视角独特、文字细腻、音响丰富，真实再现了危险重重的雷场中，扫雷英雄英勇奋战的情景。作品的报道形式与内容完美配合，创意十足，是一组极具感染力、新闻性和故事性兼具的精品之作。

新媒体展示

使用手机扫描下方二维码，即可观看本条获奖作品的新媒体展示。

作品简介

作品讲述的是南部战区陆军云南扫雷大队原中士杜富国，在边境扫雷行动中突遇爆炸，以一句“你退后，让我来”挽救了战友的生命，自己却英勇负伤，失去双眼和双手的事迹。

作品标题　走过汉正街

作品信息

作品类型：广播类·专题
刊播单位：湖北广播电视台
报送单位：湖北省广播电视学会
主创人员：柳芳、刘征、夏晓青、张瑞芳、张益恒、洪燕
作品时长：19 分 20 秒
播出栏目：《焦点时刻》
播出日期：2018 年 10 月 29 日

推荐理由

作品呈现历史，更立足当下、放眼未来，突出表现了改革开放 40 年后只有继续发扬改革开放的精神，才能行稳致远的主旨，具有启示意义和重大的现实价值。

作品简介

汉正街是我国改革开放历程的缩影，更是中国人大胆变革的典型代表。湖北之声记者扎根汉正街，走街串巷，采访了 29 个人，录制了近 800 分钟音视频资料，用声音书写人生，用声音铺陈历史。

新媒体展示

使用手机扫描下方二维码，即可观看本条获奖作品的新媒体展示。

作品标题

生在 1978

作品信息

作品类型：广播类 · 专题
刊播单位：黑龙江广播电视台
报送单位：黑龙江省广播电视协会
主创人员：焦春溪、赵新宇、王一婷、庞伟
作品时长：29 分 45 秒
播出栏目：《时光点唱机》
播出日期：2018 年 12 月 30 日

推荐理由

2018 年，全国媒体都在报道改革开放 40 年的成就，而这篇广播专题以小切口反映大主题，立意新颖，主题鲜明，音响丰富，生动感人，用实际行动践行了“小成本、大情怀、正能量”的创新原则。

新媒体展示

使用手机扫描下方二维码，即可观看本条获奖作品的新媒体展示。

作品简介

作品通过张岩、张译、申雪三个典型人物的视角和经历，从农业发展、国防建设、国家荣誉等不同方面，诠释了习近平总书记关于“中国人要把饭碗端在自己的手里”等重要讲话的深刻内涵。

中国广播电视大奖

广播类大奖·现场直播

作品标题 庆祝中国人民解放军建军90周年阅兵现场直播

作品信息

作品类型:广播类·现场直播
刊播单位:中央广播电视总台(央广)
报送单位:军事广播工作委员会(广播)
主创人员:集体
作品时长:1时22分44秒
播出栏目:特别直播
播出日期:2017年7月30日

推荐理由

本次直播实现了现场音响价值的极致凸显,现场解说画面感强,既独家报道了电视画面捕捉不到的细节,又深入传达了现场之外的深刻内涵。

作品简介

2017年是中国人民解放军建军90周年,7月30日,习近平主席在朱日和训练基地检阅部队并发表重要讲话。中央人民广播电台接到正式通知,作为唯一广播媒体承担全程现场直播报道的任务。

新媒体展示

使用手机扫描下方二维码,即可观看本条获奖作品的新媒体展示。

作品标题　春到大别山

作品信息

作品类型：广播类・现场直播
刊播单位：湖北广播电视台、安徽广播电视台、河南广播电视台
报送单位：中国广播电视社会组织联合会交通宣传委员会
主创人员：集体
作品时长：1 时 22 分 59 秒
播出日期：2017 年 4 月 24 日

推荐理由

该作品是湖北广播电视台交通广播策划发起的“畅行中国・走进大别山”大型新闻纪实扶贫行动的直播节目，直播元素丰富，运用的广播手段多样，形成“跨省联动、整体推进、务实高效”的模式，很好地践行了新闻媒体的社会责任。

新媒体展示

使用手机扫描下方二维码，即可观看本条获奖作品的新媒体展示。

作品简介

2017 年 4 月 24 日是总书记在大湾村考察一周年的日子，作品以大湾村为起点，聚焦大别山革命老区脱贫攻坚实践，跨地域进行 90 分钟的现场直播，层层递进地全面展示了大别山革命老区决战贫困的艰辛历程和壮丽图画。

作品标题 庆祝香港回归祖国20周年大会暨第五届特区政府就职典礼特别直播

作品信息

作品类型：广播类·现场直播
刊播单位：中央广播电视总台（中国国际广播电台）
报送单位：原中国国际广播电台学会
主创人员：集体
作品时长：1时56分27秒
播出栏目：特别直播
播出日期：2017年7月1日

推荐理由

直播有力地展现了香港回归20年来取得的巨大成就，以及“一国两制”和基本法在香港发展中发挥的积极作用，有力地驳斥了某些西方媒体所渲染的“香港萧条论”，向外界传递了香港明天会更好的巨大信心和坚定决心。

作品简介

直播紧扣回归历史、取得成就、未来发展等关键环节，着重突出中央政府贡献的智慧、肩负的历史使命。直播中，记者及时报道会场情况，并向全球华人直播，激发了广大受众的爱国热情，获得了良好的正面传播效果。

新媒体展示

使用手机扫描下方二维码，即可观看本条获奖作品的新媒体展示。

作品标题　新时代，共享未来

作品信息

作品类型：广播类·现场直播
刊播单位：上海广播电视台、东方广播中心
报送单位：上海市广播电视协会
主创人员：集体
作品时长：1小时（总时长8小时）
播出栏目：特别直播
播出日期：2018年11月10日

推荐理由

这是一场传统媒体和新媒体融合的具有开创性的大直播，运用了大量的人工智能语音等媒体融合直播的新技术。主创人员完成了团队组建、方案确定、连线踩点、音视频直播架设、宣传推广等一系列从无到有的工作，节目取得了良好的传播效果。

新媒体展示

使用手机扫描下方二维码，即可观看本条获奖作品的新媒体展示。

作品简介

节目以“共建创新包容的开放型世界经济”为主线，通过“贸易与开放”“贸易与创新”“贸易与我们”“共享未来”四大主题版块，全方位表达了首届进博会促进国内外企业共谋发展、展示交易采购丰硕成果的主旨。

作品标题

第十五届中国-东盟博览会、中国-东盟商务与投资峰会——中国-东盟六国十一台联合直播特别节目

作品信息

作品类型：广播类·现场直播
刊播单位：广西广播电视台
报送单位：广西广播电影电视协会
主创人员：集体
作品时长：1 时 50 分 29 秒
播出栏目：《早安东盟》
播出日期：2018 年 9 月 12 日

推荐理由

广西广播电视台以习近平外交思想为指导，着力做好"一带一路"沿线和广西周边国家的工作，积极回应国内外对东博会关切的热点、焦点内容，增强了东博会报道的全球化视角和对本土化的关注，实现了中国声音的国际表达。

作品简介

直播发挥区域内的对外传播优势，围绕"共创东博辉煌，共享丝路商机"的主题，聚焦博览会盛况，突出宣传中国与东盟在各领域合作的丰硕成果，实现了境内和境外、传统媒体与新媒体的整体联动，形成外宣全媒体合力。

新媒体展示

使用手机扫描下方二维码，即可观看本条获奖作品的新媒体展示。

中国广播电视大奖

广播类大奖 · 栏目

作品标题　第一书记朋友圈

作品信息

作品类型：广播类 · 栏目
刊播单位：山东广播电视台
报送单位：对农广播宣传委员会
主创人员：权珍琦、俞青青、高炜、司卫刚、吕力
播出频率：日播
创办日期：2016 年 12 月 5 日

推荐理由

该节目不是简单地组织发动社会各界送钱、送物、送温暖、献爱心，而是通过筛选“第一书记”帮扶村里的切实可行的产业扶贫项目，让参与扶贫的社会各界人士共同运用市场手段进行运作，最终实现贫困群众和扶贫志愿者的互利共赢。

作品简介

《第一书记朋友圈》是一个融媒体属性的产业扶贫宣传栏目，广泛动员了社会力量，招募社会各界爱心人士担任“扶贫志愿者”，以众筹产业扶贫项目的方式，支援全省各级选派的“第一书记”，打赢脱贫攻坚战。

新媒体展示

使用手机扫描下方二维码，即可观看本条获奖作品的新媒体展示。

作品标题　政风热线

作品信息

作品类型：广播类·栏目
刊播单位：江苏省广播电视总台(集团)
报送单位：江苏省广播电影电视协会
主创人员：王瑾锦、俞海霞、郁苏苏、朱延庆、赵立孟、刘冬
播出频率：日播
创办日期：2003 年 9 月 27 日

推荐理由

经过 15 年的发展，《政风热线》已成为江苏社会和媒体监督的知名品牌，在促进机关作风建设、化解社会矛盾、构建和谐江苏等方面发挥了积极作用。栏目始终以事实为依据，让投诉和被投诉双方充分表达意见，起到了舆论监督的作用。

新媒体展示

使用手机扫描下方二维码，即可观看本条获奖作品的新媒体展示。

作品简介

作为江苏最具影响力的舆论监督栏目，《政风热线》已成为江苏各级政府部门倾听民意的重要渠道、强化专责监督的有效抓手。江苏各地职能部门以整改问责为契机，深入推进作风转变、责任落实、工作创新，推动本部门更好地履行职责。

中国广播电视大奖

广播类大奖 · 对外传播

作品标题　我的铁路——蒙内铁路

作品信息

作品类型:广播类·对外传播
刊播单位:中央广播电视总台(中国国际广播电台)
报送单位:原中国国际广播电台学会
主创人员:彭睿、Ronald Mutie
作品时长:4分30秒、5分31秒、6分31秒、4分8秒、5分32秒
播出栏目:《早间直播》
播出日期:2018年10月22日—26日

推荐理由

节目以"一带一路"倡议提出五周年为契机,以本土视角为出发点,以中非务实合作、平等互利为落脚点,立体呈现了蒙内铁路在提升肯尼亚自主发展能力方面的意义,为"一带一路"倡议下中肯合作的推进营造了良好的舆论氛围。

作品简介

节目以新媒体图文和录音报道的方式讲述蒙内铁路与非洲当地民众工作、生活的故事,介绍蒙内铁路的惠民与拉动经济的作用,诠释了"一带一路"共商、共建、共享的核心原则与构建人类命运共同体的价值追求。

新媒体展示

使用手机扫描下方二维码,即可观看本条获奖作品的新媒体展示。

作品标题

穿梭边境“跨国上班”
——中越边境实施跨境劳务合作侧记

作品信息

作品类型：广播类·对外传播
刊播单位：广西广播电视台
报送单位：广西广播电影电视协会
主创人员：苏鹏程、李小玲、黄永妮、陈霓
作品时长：14 分 34 秒
播出栏目：《城市生活》
播出日期：2018 年 12 月 30 日

推荐理由

节目从小切口入手，采用故事化表达，展现大国外交主题，真实呈现了中越跨境劳务合作给越南边民带来的好处，突出了“国之交在于民相亲，民相亲在于心相通”的主题。节目结构严谨，层层递进，音响丰富，感染力强。

新媒体展示

使用手机扫描下方二维码，即可观看本条获奖作品的新媒体展示。

作品简介

2017 年，广西率先开展中越跨境劳务合作试点工作。节目通过采访越南劳务人员以及劳务派遣公司、有关部门的负责人，呈现了中越跨境劳务合作管理举措在境外边民务工和边境地区多赢等方面所发挥的促进作用，提升了国家形象，维护了边境稳定。

作品标题　为了第三封信

作品信息

作品类型：广播类・对外传播
刊播单位：中央广播电视总台(中国国际广播电台)
报送单位：原中国国际广播电台学会
主创人员：蒋习、祁音、林晶、金钟
作品时长：20 分
播出栏目：《听众信箱》
播出日期：2018 年 12 月 9 日

推荐理由

节目的语言描写生动细腻，逻辑清晰；人物音响丰富，垫乐使用得当；合理运用多人称叙事手法，给听众以身临其境的感觉，可听性和带入感强；立意上以小见大。

作品简介

节目通过俄罗斯老奶奶柳德米拉时隔半个世纪万里寻人并重拾友谊的真实故事，打破了时间和空间的界限，多维度、立体化地讲述了一个万里寻人的故事，生动揭示了中俄友谊历史悠久，中俄两国人民情谊深厚、忠诚互信的深刻内涵。

新媒体展示

使用手机扫描下方二维码，即可观看本条获奖作品的新媒体展示。

作品标题　遇见 · 魅力上海

作品信息

作品类型：广播类 · 对外传播
刊播单位：美国中文电视台
报送单位：上海市广播电视协会
主创人员：范嘉春、邬佳力、李博芸、李英蕤、杨燊、盛蓓蕾
作品时长：25分
播出栏目：特辟专栏
播出日期：2017年12月9日—13日

推荐理由

节目采用多语种、融媒体传播，形式新颖、内容生动、视角贴近、音响丰富，带领国外听众走进上海，感受上海。节目与2017“魅力上海”城市推广活动紧密结合，在国际上特别是“一带一路”国家间架起了声音的桥梁，成为展现奋进中国的窗口。

新媒体展示

使用手机扫描下方二维码，即可观看本条获奖作品的新媒体展示。

作品简介

节目以泰国、乌兹别克斯坦等国留学生的视角，讲述他们在上海生活时在出行、移动支付、科创建设等方面的体验。节目运用大量演出实况音响和音乐，从历史、交通、文化、生活、创业等多角度，展现上海海纳百川、开放创新的文化魅力。

作品标题 周家班，从安徽菠林村到世界

作品信息

作品类型：广播类 · 对外传播
刊播单位：中央广播电视总台（中国国际广播电台）、美国洛杉矶 AM1300 中文电台
报送单位：安徽省广播电影电视联合会
主创人员：朱彪军、周妍、赵栩、陈玲
作品时长：19 分 12 秒
播出栏目：《全景中国》《大洋两岸》
播出日期：2018 年 12 月 28 日

推荐理由

周家班从灵璧乡村起步走向世界，代表的是一种"非常有说服力的中国声音"，表现了强烈的文化自信。节目经由海外平台在世界各地播出，入选有关方面组织的"2019 年两岸广播春节联播"。

作品简介

周家班是安徽省北部灵璧县尹集镇菠林村的民间吹打乐班，从灵璧走向世界，表现了中国传统吹打乐在世界音乐版图上的觉醒。主创者一方面进行现场采访，另一方面通过现代通讯手段跟踪展现周家班乐师们的心路历程。

新媒体展示

使用手机扫描下方二维码，即可观看本条获奖作品的新媒体展示。

作品标题　新时代：中国与世界

作品信息

作品类型：广播类·对外传播
刊播单位：广东广播电视台
报送单位：广东广播电视台
主创人员：郑韵、黄菲、Matt Horn、林伟青、蔡文捷、李子俊
作品时长：10分44秒
播出栏目：《今日广东》
播出日期：2018年1月27日

推荐理由

节目以反映新时代中国与世界的合作共赢为主题，精心策划、精良制作，切入点独特，说服力强，以小见大，达到良好的国际传播效果，成为外宣作品“爆款”。

新媒体展示

使用手机扫描下方二维码，即可观看本条获奖作品的新媒体展示。

作品简介

节目以在广州生活了15年的英国记者Matt的视角，展示了中国进入新时代后的角色转变及对世界的影响。15年后，Matt重返英国。在英国脱欧的大背景下，中英关系进入“黄金时代”，“一带一路”倡议让中国与世界的交流与合作更紧密。

中国广播电视大奖

广播类大奖 · 对港澳台

作品标题

小证件·大福利
——在厦台胞正式申领台湾居民居住证

作品信息

作品类型：广播类·对港澳台
刊播单位：海峡之声广播电台
报送单位：海峡之声广播电台
主创人员：庄杨筱、郑颖、黄伟华、廖一杰
作品时长：3分57秒
播出栏目：《666新闻特快》
播出日期：2018年9月2日

推荐理由

作品立足“大主题，小切口”，以对话形式展现居住证是如何解决台胞在大陆学习、工作、生活等方方面面的便利化问题的。记者以现场问答的方式抓取鲜活素材，使之成为一篇“体验式采访”的佳作。

作品简介

作品通过不同角度展现一个小证件为台胞带来的大福利，以及办证流程的便利性，体现了推出居住证这一政策“便民、利民、落实同等待遇”的意义所在。

新媒体展示

使用手机扫描下方二维码，即可观看本条获奖作品的新媒体展示。

作品标题 福建向金门供水工程今天正式通水

作品信息

作品类型：广播类·对港澳台

刊播单位：福建省广播影视集团东南广播公司

报送单位：福建省广播电视协会

主创人员：叶军民、林兴华、洪媛媛、赵清

作品时长：3分14秒

播出栏目：《讲给你知道》

播出日期：2018年8月5日

推荐理由

作品通过讲述“福建向金门供水工程正式通水”的事实，展现祖国大陆为广大台湾同胞谋福祉、勇于担当作为的精神，为两岸关系和平发展汇聚更多正能量。

新媒体展示

使用手机扫描下方二维码，即可观看本条获奖作品的新媒体展示。

作品简介

8月5日上午，福建向金门供水工程正式通水，“两岸一家亲、共饮一江水”的愿景变成现实。这一两岸关系发展史上的重要事件生动诠释了习近平总书记提出的“两岸一家亲、共圆中国梦”理念。

作品标题

我在上海工作啦！
——访上海市第一位台籍社工简敏安

作品信息

作品类型：广播类·对港澳台
刊播单位：上海广播电视台浦江之声广播电台
报送单位：上海市广播电视协会
主创人员：陈书玥、盛陈衔、陈唯
作品时长：22 分
播出栏目：《两岸这一周》
播出日期：2018 年 11 月 5 日

推荐理由

节目的采访过程体现了记者的问题导向意识。节目具有很强的对台性，立意既高且深。整档节目没有说教味，而是通过主持人与嘉宾的对话，细述台湾青年在上海工作、生活的心路历程。

作品简介

简敏安是上海市第一位台籍社工。2018 年国台办发布的“惠台 31 条”中“向台湾居民开放社会工作者职业资格考试”这一措施，让简敏安有机会参加社工职业资格考试，并取得证书。

新媒体展示

使用手机扫描下方二维码，即可观看本条获奖作品的新媒体展示。

作品标题　民生为天

作品信息

CMG
中央广播电视总台

作品类型：广播类·对港澳台
刊播单位：中央广播电视总台（央广）
报送单位：原中央人民广播电台学会
主创人员：集体
作品时长：24 分 32 秒
播出栏目：《新闻论道》
播出日期：2017 年 6 月 20 日

推荐理由

独特的百姓视角、厚重的人文关怀、纪实性的记录形式，令《民生为天》充满了与众不同的色彩与闪光点。创作者脚踏实地、贴近生活、用心感受，节目以小见大、以简驭繁、朴素动人。

新媒体展示

使用手机扫描下方二维码，即可观看本条获奖作品的新媒体展示。

作品简介

2017 年是香港回归 20 周年，《民生为天》让人看到了一个不一样的香港、一个更真实的香港，一个个生动的故事仿佛就发生在自己身边，娓娓道来，耐人寻味。

作品标题

改革风来，两岸花开
——致敬改革开放40年特别报道

作品信息

作品类型：广播类·对港澳台
刊播单位：中央广播电视总台（央广）
报送单位：原中央人民广播电台学会
主创人员：集体
作品时长：代表作1时长8分0秒、
代表作2时长7分59秒、
代表作3时长7分59秒
播出栏目：《捷运2018》
播出日期：2018年10月29日—11月12日

推荐理由

作品从台胞视角展现了改革开放40年大陆的辉煌成就，同时也生动印证了习近平总书记“两岸命运共同体”理念的重要性。两个重大主题的有机结合，使报道在策划构思和宣传意义上达到了较高的水准，凸显了对台广播的特色。

作品简介

记者走遍大半个中国，采访了近百位台胞，从中选取了数十位台湾同胞的故事，用他们的参与见证与获益感怀，以点连线、以线成面，鲜活巧妙地概括呈现了改革开放40年各个领域的成就与发展历程。

新媒体展示

使用手机扫描下方二维码，即可观看本条获奖作品的新媒体展示。

作品标题

两岸新航标
——中共十九大报告涉台论述解读

作品信息

作品类型：广播类・对港澳台
刊播单位：海峡之声广播电台
报送单位：中国广播电视社会组织联合会对台港澳节目委员会
主创人员：集体
作品时长：代表作1时长6分12秒、代表作2时长5分44秒、代表作3时长5分10秒
播出栏目：《新闻特快》
播出日期：2017年10月19—23日

推荐理由

作品全面准确地报道了十九大报告中的涉台论述，结构合理顺畅，主题集中鲜明；多元视角解读，既揭示两岸关系发展的历史大势，也对“台独”分子形成震慑；报道及时、效果良好，实现了一种报道、多种到达的立体化传播。

新媒体展示

使用手机扫描下方二维码，即可观看本条获奖作品的新媒体展示。

作品简介

作品紧扣中共十九大报告中的涉台论述，以五个关键句架构全篇，清晰勾画出新时代两岸关系航程中的新航标，精准诠释了大陆对台政策的连续性和创新性，引导台湾受众深刻理解习近平新时代对台思想。

中国广播电视大奖

广播类大奖 · 广播剧

作品标题　连心湖

作品信息

作品类型:广播类·广播剧
刊播单位:中央广播电视总台、广西广播电视台、贵州广播电视台
报送单位:广西广播电影电视协会
主创人员:集体
作品时长:24分20秒、25分43秒、27分33秒
播出栏目:《记录中国》
首播日期:2018年12月6日

推荐理由

该剧是广西壮族自治区成立60周年重点文艺精品项目成果,由全国著名广播剧编导、国家级演员、顶尖制作团队精心打造,是一部具有强烈时代感、现实主义精神、浓郁民族文化色彩,“小成本、大情怀、正能量”的文艺精品力作。

作品简介

该剧以桂、黔、滇三省区交界的库区移民真实事件为原型,讲述了全国第一个跨省区联合党组织带领当地群众致富奔小康,建设绿色家园的动人故事。

新媒体展示

使用手机扫描下方二维码,即可观看本条获奖作品的新媒体展示。

中国广播电视大奖

广播类大奖 · 广播文艺

作品标题　土的声音

作品信息

中央广播电视总台

作品类型：广播类·广播文艺
刊播单位：中央广播电视总台（央广）
报送单位：原中央人民广播电台学会
主创人员：集体
作品时长：26 分 15 秒
播出栏目：《文艺大家谈》
播出日期：2018 年 12 月 14 日

推荐理由

节目从个体着眼，展现了中国传统文化以高度自信的新姿态走出国门、走向世界的新风貌，既有艺术性，更有思想性；以被采访者第一人称的角度讲述，形式新颖、可听性强；采用先网后台的内容矩阵，实现了广播节目的融合传播。

作品简介

节目以民族摇滚音乐人苏阳本人讲述、解读的形式，对比展示了原生态传统民间艺术和经过解构重组的、具有现代传播优势的现代民间艺术之间的传承脉络。

新媒体展示

使用手机扫描下方二维码，即可观看本条获奖作品的新媒体展示。

作品标题　那年，信念书写在巾帕上

作品信息

作品类型：广播类 · 广播文艺
刊播单位：福州广播电视台
报送单位：福建省广播电视协会
主创人员：吴乙平、徐锦清、吴冬梅、陈嵿
作品时长：27 分 42 秒
播出栏目：《闪亮的日子》
播出日期：2018 年 12 月 27 日

推荐理由

《与妻书》激起了一代代年轻人关于信仰与情怀、责任与担当的思考。作品以《与妻书》贯穿全文，以章节分段朗诵与历史场景时空再现相融合的方式，打开《与妻书》作者林觉民短暂而辉煌的人生，具有历史和现实意义。

新媒体展示

使用手机扫描下方二维码，即可观看本条获奖作品的新媒体展示。

作品简介

作品立足名篇《与妻书》，紧紧围绕“电影剧本叙事”“声音时空再现”“家与国情感交融”三个创作理念，既点出了对民族文化复兴的呼唤，又突出了《与妻书》因“文以载道”而在两岸百年不衰的文学价值。

作品标题　梁家河

作品信息

作品类型：广播类·广播文艺
刊播单位：中央广播电视总台（央广）
报送单位：原中央人民广播电台学会
主创人员：集体
作品时长：25分
播出栏目：《直播中国》等
播出日期：2018年6月28日

推荐理由

广播纪实文学《梁家河》策划站位高，全流程体现全媒体传播理念；专业水准高，创新故事化声音表达方式；全媒体矩阵传播，总台旗下“台、网、端、微”全媒共享、多端发布、集中发力、多元呈现。

作品简介

作品讲述习近平总书记在梁家河的知青生活，记录梁家河翻天覆地的巨大变化。因其本身内容的权威性、故事化声音表达的感染力、全媒体矩阵发布的传播力，作品一经问世，便迅速传播，成为现象级音频作品。

新媒体展示

使用手机扫描下方二维码，即可观看本条获奖作品的新媒体展示。

作品标题

“我的城市我的歌”庆祝改革开放40周年城市歌曲大展跨年直播启动仪式

作品信息

作品类型：广播类 · 广播文艺
刊播单位：黑龙江广播电视台
报送单位：黑龙江省广播电视协会
主创人员：马忱、乔鑫、张婧婷、宫爽
作品时长：1时
播出栏目：《特别节目》
播出日期：2018年12月30日

推荐理由

黑龙江广播电视台联合全国40家电台共同发起了一场以城市歌曲为主题的展播活动，这是一次中国广播界的恢宏巨制，一场业内首次跨城跨年的创新实践。活动紧扣时代主题，立意新颖，体现了广播人的大局意识和责任担当。

新媒体展示

使用手机扫描下方二维码，即可观看本条获奖作品的新媒体展示。

作品简介

“我的城市我的歌”通过独具特色的城市歌曲反映人民群众生活日新月异的变化，这也是40家广播电台向改革开放40周年的音乐献礼。

作品标题　七情六欲锣鼓经

作品信息

作品类型：广播类·广播文艺
刊播单位：天津海河传媒中心广电事业部
报送单位：天津市广播电视协会
主创人员：霍莹、孙志伟、胡洋
作品时长：17 分 48 秒
播出栏目：《音乐大团圆》
播出日期：2017 年 1 月 29 日

推荐理由

京剧锣鼓作为京剧艺术的载体，对京剧的形成、发展起到了重要的作用。节目制作者曾是学习京剧表演多年的专业演员，更是资深的广播编辑，节目专业性和可听性俱佳。节目受到听众、广播从业者和京剧界人士的关注和喜爱。

作品简介

戏曲专题节目《七情六欲锣鼓经》将听众轻松带入京剧锣鼓丰富多彩又变化多端的“情感世界”，通过不足 20 分钟的节目，让听众对锣鼓经有了理性的认识和感性的体验。

新媒体展示

使用手机扫描下方二维码，即可观看本条获奖作品的新媒体展示。

中国广播电视大奖

电视类大奖 · 消息

作品标题 中国首次成功试航北极西北航道

作品信息

作品类型:电视类·消息
刊播单位:中央广播电视总台(央视)
报送单位:原中央电视台学会
主创人员:集体
作品时长:1分18秒
播出栏目:《新闻直播间》
播出日期:2017年9月8日

推荐理由

在北极随船的报道中,通讯是大问题,在高纬度地区卫星电话都不能使用,电视画面的传输更是困难,记者第一时间把报道发回实属不易。此次报道是试航西北航道最全面、翔实的报道,播出后引起外媒的广泛关注。

作品简介

随着近年来北极的增温和海冰的减少,探索利用北极航道引起世界各国的关注。2017年9月,中国第八次北极科学考察队乘坐雪龙号科考船首次试航北极西北航道。记者以科考队员的身份随队采访,对这次科学考察活动进行了报道。

新媒体展示

使用手机扫描下方二维码,即可观看本条获奖作品的新媒体展示。

作品标题

抗战始于九一八

作品信息

作品类型：电视类·消息
刊播单位：黑龙江广播电视台
报送单位：黑龙江省广播电视协会
主创人员：褚天舒、王晶晶、柳春迪、任诗桐
作品时长：3分44秒
播出栏目：《新闻联播》
播出日期：2017年9月18日

推荐理由

抗日战争从八年改为十四年，意义重大。这首先是对历史真实的尊重；同时，也肯定了东北三省的民族英烈在抗战中的付出。能实现这一转变，黑龙江省相关人员付出了巨大的努力，节目重申了十四年抗战的重大意义。

新媒体展示

使用手机扫描下方二维码，即可观看本条获奖作品的新媒体展示。

作品简介

2017年9月18日《新闻联播》播出的《抗战始于九一八》，通过初中历史课堂现场，权威专家、抗战亲历者及其后代的同期、背景介绍，展示了八年抗战正式改为十四年抗战的过程和历史意义。

作品标题

习近平在出席南海海域海上阅兵时强调 深入贯彻新时代党的强军思想 把人民海军全面建成世界一流海军

作品信息

作品类型：电视类·消息
刊播单位：中央广播电视总台（央视）
报送单位：原中央电视台学会
主创人员：集体
作品时长：22 分 37 秒
播出栏目：《新闻联播》
播出日期：2018 年 4 月 12 日

推荐理由

中央电视台军事部采编人员在现场布设多个机位，使用多种设备，全方位展现了 48 艘舰艇、76 架战机的整齐阵列，彰显了党的十八大以来人民海军的巨大成就。作品气势恢宏，显示出了习近平强军思想已在部队落地生根。

作品简介

2018 年 4 月 12 日，中央军委在南海海域隆重举行新中国历史上规模最大的海上阅兵，中共中央总书记、国家主席、中央军委主席习近平检阅部队并发表重要讲话。

新媒体展示

使用手机扫描下方二维码，即可观看本条获奖作品的新媒体展示。

作品标题 全球最薄不锈钢在太钢问世 0.02 毫米可手撕

作品信息

作品类型：电视类・消息
刊播单位：山西广播电视台
报送单位：山西省广播电影电视协会
主创人员：严飞飞、宿展、李昀卓
作品时长：4 分
播出栏目：《山西新闻联播》
播出日期：2018 年 9 月 3 日

推荐理由

该报道前期策划到位，充分发挥了电视的优势。全篇精耕细作，让人身临其境、印象深刻。作品主题突出，现场声运用到位，采用蹲点式的采访和故事化的表达，是践行“四力”的一次很好的实践。

新媒体展示

使用手机扫描下方二维码，即可观看本条获奖作品的新媒体展示。

作品简介

“手撕钢”从问世就自带话题，打破了大家对钢铁固有的印象，迅速成为各大新闻报道的“网红”。作品通过记者的体验报道，形象生动地解答了全球独一份的“手撕钢”的用途、价值，也让中国制造问鼎全球。

作品标题 巨鹿路 888 号历史建筑被毁连续报道

作品信息

作品类型：电视类 · 消息
刊播单位：上海广播电视台
报送单位：上海市广播电视协会
主创人员：吴骥、师玉诚、施政、虞之青
作品时长：9 分
播出栏目：《新闻报道》
播出日期：2017 年 6 月 4 日—23 日

推荐理由

响应时任上海市委书记韩正的讲话精神，该报道独家调查了巨鹿路上一栋历史悠久的建筑是如何在主管部门和社会公众眼皮底下被拆毁的过程。该连续报道通过时间线倒叙的维度，一环接一环地对事件的关键节点进行了展示。

作品简介

收到市民爆料后，记者深入实地采访，借助航拍、暗访等多种手段，多角度率先报道呈现了巨鹿路 888 号历史建筑被业主擅自拆毁的事实；紧接着，报道通过对静安区相关部门及专家的采访，还原了巨鹿路 888 号被拆毁的经过。

新媒体展示

使用手机扫描下方二维码，即可观看本条获奖作品的新媒体展示。

作品标题 陡崖植树人：森林“长”在肩背上

作品信息

作品类型：电视类·消息
刊播单位：重庆巫溪县广播电视台
报送单位：重庆市广播电视协会
主创人员：乔洛阳、龚俊、李培烈、吴启寒、田小可
作品时长：8分54秒
播出栏目：《巫溪新闻》
播出日期：2017年3月6日

推荐理由

记者经过精心策划，克服地势险要等困难，利用航拍等拍摄技术，跟随工人们，进行了一个多月的持续跟踪拍摄，真实生动地展现了植树工人在艰难环境中的艰辛劳动，以及不改变生态环境誓不罢休的决心和勇气。

新媒体展示

使用手机扫描下方二维码，即可观看本条获奖作品的新媒体展示。

作品简介

节目以记者走基层的形式，记录了官山林场60岁植树工人林云喜带领班组20多名工人，在坡度60度左右的悬崖峭壁间穿行60余公里，将一棵棵树苗种植在大山的每一个角落，为大山重披绿装做出积极的努力的故事。

作品标题 我国首座深海渔场“深蓝一号”黄海启用

作品信息

作品类型：电视类 · 消息
刊播单位：山东广播电视台
报送单位：山东省广播电视协会
主创人员：姜磊、吴金成、王九涛、宋斐
作品时长：3 分 59 秒
播出栏目：《每日新闻》
播出日期：2018 年 7 月 2 日

推荐理由

“深蓝一号”投入使用，是山东省全面贯彻习近平总书记关于发展海洋经济重要讲话精神的重要举措，也标志着我国深海养殖事业发展取得重要成果。作品题材重大、现场鲜活、内容丰富、视角多样，播出后获得了良好的社会反响。

作品简介

记者多次远赴深海采访拍摄，深入深海养殖第一线，克服了海上天气多变、通讯不便等困难，完整地记录了“深蓝一号”从设计到制造直至投入使用的全过程，多角度展示了我国深海养殖发展所取得的重大成就。

新媒体展示

使用手机扫描下方二维码，即可观看本条获奖作品的新媒体展示。

作品标题 固原治理大气污染出“妙招”

作品信息

作品类型：电视类·消息
刊播单位：宁夏广播电视台
报送单位：宁夏广播电视协会
主创人员：张春华、杨治宏、哈金军、张勇
作品时长：1 分 58 秒
播出栏目：《宁夏新闻联播》
播出日期：2017 年 12 月 6 日

推荐理由

加快大气污染治理的步伐事关生态环境建设，也关系着百姓的福祉。各地要拿出具体可行的措施，而不是在监测数据上弄虚作假。记者勇于揭穿事实的真相，体现了媒体人的社会责任和职业担当。

新媒体展示

使用手机扫描下方二维码，即可观看本条获奖作品的新媒体展示。

作品简介

记者通过调查走访，发现固原市封闭了空气自动监测站周围的道路，杜绝车辆来往，以弄虚作假的手段，取得优异的空气检测数据。消息播出后，固原市当晚即作出整改，恢复封闭路段的交通，处理了环保监测站的负责人。

作品标题　列车上的生命接力

作品信息

作品类型：电视类 · 消息
刊播单位：河南广播电视台
报送单位：河南省广播电视协会
主创人员：侯盛楠、于海中、唐雪莲、周小丽
作品时长：3 分 58 秒
播出栏目：《9 号直播间》
播出日期：2018 年 12 月 2 日

推荐理由

作品故事结构完整，现场感十足，语言朴实又不乏张力，整篇报道充满了温暖和感动，很好地传递了社会正能量。

作品简介

本片讲述了孕妇陈晓培在众人合力帮助之下在列车上产子的故事。片子采用倒叙的方式，生动还原了从陈晓培乘坐列车时即将临盆到乘务人员临时搭建“产房”，再到热心乘客帮忙接生的生命接力过程。

新媒体展示

使用手机扫描下方二维码，即可观看本条获奖作品的新媒体展示。

中国广播电视大奖

电视类大奖 · 评论

作品标题 《十九大观察》(2017 年 10 月 18 日)

作品信息

作品类型:电视类·评论
刊播单位:中央广播电视总台(央视)
报送单位:原中央电视台学会
主创人员:集体
作品时长:27 分
播出栏目:《新闻 1+1》
播出日期:2017 年 10 月 18 日

推荐理由

作品在记录党的十九大召开进程的同时,也以每天全方位的搜索,力图为公众带来别样的十九大解读,更是以“日记”的形式,梳理和总结了十九大当天会议的热点和亮点,将会议内容更通俗、更直观地传递给观众。

作品简介

随着党的十九大胜利召开,《新闻 1+1》再度推出《十九大观察》。节目以董倩为主持人、白岩松为评论员,分别在演播室和十九大现场连线评论,为观众带来深入浅出的十九大解读。

新媒体展示

使用手机扫描下方二维码,即可观看本条获奖作品的新媒体展示。

作品标题　垃圾分类何以知易行难

作品信息

作品类型：电视类·评论
刊播单位：上海广播电视台
报送单位：上海市广播电视协会
主创人员：集体
作品时长：26分18秒
播出栏目：《1/7》
播出日期：2018年9月10日

推荐理由

垃圾分类推进工作正处于关键阶段，主流媒体负有移风易俗的社会功能。该片给上海乃至全国的垃圾分类工作提供了借鉴，虽是上海新闻，却有全国意义，既是出色的电视评论，又是视觉语言创新表达的佳作。

新媒体展示

使用手机扫描下方二维码，即可观看本条获奖作品的新媒体展示。

作品简介

主创者将历时4个月的调查浓缩在26分钟里，为垃圾分类工作留下一份启示录。节目从媒体、居民、垃圾分类工作推动者三个角度，逐一解析、评论上海垃圾分类面临的难题。

作品标题　这医院 有连环套

作品信息

作品类型：电视类 · 评论
刊播单位：中央广播电视总台(央视)
报送单位：原中央电视台学会
主创人员：车黎、阮红宇、席鸣、张予北
作品时长：14 分 10 秒
播出栏目：《焦点访谈》
播出日期：2018 年 12 月 6 日

推荐理由

节目披露了一家黑心医院违反就诊流程，突破职业底线，术中加价、术中增项，严重损害患者利益。记者多方求证，调查翔实，节目反映的现象触目惊心，社会反响强烈，是一篇优秀的调查报道。

作品简介

节目聚焦长春一家妇科专科医院，通过几位患者的讲述，从不同侧面揭露了这家医院用低价诱骗病人深入检查，小病查出大毛病，甚至在手术台上临时涨价、加项，利用病人在手术室里的弱势地位胁迫病人接受更多的治疗，从而达到其挣钱的目的。

新媒体展示

使用手机扫描下方二维码，即可观看本条获奖作品的新媒体展示。

作品标题　重生——海鑫重整启示录

作品信息

作品类型：电视类・评论
刊播单位：山西广播电视台
报送单位：山西省广播电影电视协会
主创人员：蔺建秀、王丽、常路杰、刘凤林、卫红帅、杨晋闻
作品时长：29分46秒
播出栏目：《记者调查》
播出日期：2018年12月29日

推荐理由

节目采访深入，细节感人，逻辑严谨，评论精准。节目播出后，创同时段同类型节目收视率新高，各大网络媒体争相转载，并引发人们对企业命运与政府、市场、法治之间相互关系的思考。

新媒体展示

使用手机扫描下方二维码，即可观看本条获奖作品的新媒体展示。

作品简介

为搞清山西省最大民营钢企海鑫集团依法重组、浴火重生的全过程，主创人员历时一年，辗转多地，采访了40多位见证者，用翔实的采访、真情的讲述、客观的评论，把一个专业性极强的重整案件鲜活地呈现在观众面前。

作品标题 去极端化：有法可依！

作品信息

作品类型：电视类·评论
刊播单位：新疆广播电视台
报送单位：新疆维吾尔自治区广播电视协会
主创人员：邓鸣琴、牛建勋、海米提·买买提
作品时长：10 分
播出栏目：《今日聚焦》
播出日期：2017 年 4 月 3 日

推荐理由

节目结构清晰、层层递进；评论语言简洁生动、解析深刻。作为法律专家，嘉宾在点评解析中站位高，对立法的原因及意义认识深刻到位，对观众有疑惑的一些条例内容进行了有理有据的分析解读。

作品简介

这期节目是对新疆维吾尔自治区出台的“去极端化条例”的解读，节目最后论证了《新疆维吾尔自治区去极端化条例》的出台，弥补了《反恐法》和《宗教法》两部法律约束不到的中间地带法律的缺失，让政府去极端化工作有法可依。

新媒体展示

使用手机扫描下方二维码，即可观看本条获奖作品的新媒体展示。

中国广播电视大奖

电视类大奖 · 专题

作品标题

将改革进行到底

作品信息

作品类型:电视类·专题
刊播单位:中央广播电视总台(央视)
报送单位:原中央电视台学会
主创人员:集体
作品时长:50 分钟/集,共 10 集
播出日期:2017 年 7 月 17 日—26 日

推荐理由

该片播出后引起全党全军全国各族人民的普遍关注,社会反响热烈,为党的十九大胜利召开营造了良好的舆论氛围,受到中央领导的肯定,被称作一堂由亿万观众、网友参与的"全民改革公开课",唱响全面深化改革的时代最强音。

作品简介

该片紧紧围绕习近平新时代中国特色社会主义思想,充分反映党的十八大以来,以习近平同志为核心的党中央,带领中国人民攻坚克难、砥砺奋进,扎实推进全面深化改革的伟大实践。

新媒体展示

使用手机扫描下方二维码,即可观看本条获奖作品的新媒体展示。

作品标题 生命暮年的幸福——带着尊严离去

作品信息

北京广播电视台
BEIJING MEDIA NETWORK

作品类型:电视类·专题
刊播单位:北京广播电视台
报送单位:北京市广播影视协会
主创人员:戴俊艳、肖庆峰、汤军军、刘春艳
作品时长:11分32秒
播出栏目:《生活这一刻》
播出日期:2017年11月19日

推荐理由

节目笑中带泪,直抵人心;四个病患,个性鲜明;四个故事,悲喜人生。节目诠释了临终关怀最深刻的含义不是简单地陪伴,而是心灵的慰藉,让老人们在生命的暮年,带着尊严和幸福离去。

新媒体展示

使用手机扫描下方二维码,即可观看本条获奖作品的新媒体展示。

作品简介

节目讲述了四个病患以及松堂关怀医院创始人李伟院长的故事。93岁的黑奶奶已经分不清幻想和现实,她错认李院长是自己的初恋情人,而李院长则将错就错扮演起初恋情人的角色。李院长有情有义有爱有趣,堪称平民英雄。

作品标题　静静的湿地

作品信息

作品类型：电视类・专题
刊播单位：甘肃省高台县广播电视台
报送单位：甘肃省广播电视协会
主创人员：赵海、赵梦笛
作品时长：14 分 09 秒
播出栏目：《高台纪事》
播出日期：2017 年 8 月 23 日

推荐理由

本片以水鸟繁衍生息的小故事反映了祁连山、黑河流域生态环境保护、生态文明建设的大主题，立意深远，解说艺术，画面冲击力强，制作精良，思想性和艺术性俱佳。

作品简介

本片作者历时三个多月，风餐露宿，借助掩体蹲守，拍摄了近 100 个小时的素材，记录了长腿鹬、燕鸥等水鸟繁殖、幼鸟历险等生动有趣的故事，对黑河流域生态环境治理成果予以故事化表达、艺术化阐释。

新媒体展示

使用手机扫描下方二维码，即可观看本条获奖作品的新媒体展示。

作品标题　时光的旋律

作品信息

作品类型：电视类・专题
刊播单位：湖南广播电视台
报送单位：中国广播电视社会组织联合会纪录片委员会
主创人员：集体
作品时长：2 时 44 分 43 秒
播出栏目：《时光的旋律》
播出日期：2018 年 12 月 10 日

推荐理由

本片唱响主旋律，壮大正能量，反映了改革开放以来我国取得的巨大成就，受到了社会各界的高度关注。

新媒体展示

使用手机扫描下方二维码，即可观看本条获奖作品的新媒体展示。

作品简介

本片用“经典音乐 + 年轻歌手”的“老歌新唱”形式，通过青年歌手的第一视角，用生动活泼的语言、明快简洁的编辑手法和人民群众最易接受的表达方式，从音乐的小切口折射改革开放 40 年来的辉煌成就。

作品标题

誓言无声
——“中国核潜艇之父”黄旭华

作品信息

作品类型:电视类 · 专题
刊播单位:汕尾广播电视台
报送单位:广东省广播电影电视协会
主创人员:周贵良、李宽、车力恒
作品时长:28 分 31 秒
播出栏目:《文明创建大家谈》
播出日期:2017 年 11 月 30 日

推荐理由

作品讲述了被誉为“中国核潜艇之父”的黄旭华院士舍小家顾大家,为党为国为人民无私奉献、艰苦奋斗、研制核潜艇的一生。该片结构完整、首尾呼应,镜头画面使用严谨规范,内容真挚感人。

作品简介

主创人员以习总书记给黄旭华院士让座为引子,用较为丰富的表现方式讲述了黄院士的一生,内容上既有珍贵的历史资料,更有亲历者的口述,作品完整且富有感情地呈现了“中国核潜艇之父”保家卫国的故事。

新媒体展示

使用手机扫描下方二维码,即可观看本条获奖作品的新媒体展示。

作品标题 南海纵横之两岸同心

作品信息

作品类型：电视类·专题
刊播单位：江苏省广播电视总台
报送单位：江苏省广播电影电视协会
主创人员：集体
作品时长：48分
播出栏目：特别节目
播出日期：2017年9月19日

推荐理由

作品主题鲜明、导向正确，在艺术处理上，也有许多独到的创新点和亮点。摄制组对这样一部政治性、政策性、敏感性都非常强的纪录片有很强的综合驾驭能力。该片也是一部难得的爱国主义教育纪录片，事例翔实，依据充分。

新媒体展示

使用手机扫描下方二维码，即可观看本条获奖作品的新媒体展示。

作品简介

五集电视纪录片《南海纵横》是中国首部全面解读南海历史与现状的大型纪录片。本集《两岸同心》以中央民族大学历史系教授王恒杰七下南海自费考古为主线，讲述两岸同胞戮力同心、一致御外，维护南海主权的感人故事。

作品标题

我们一起走过
——致敬改革开放40周年

作品信息

作品类型：电视类·专题
刊播单位：中央广播电视总台（央视）
报送单位：中国广播电视社会组织联合会经济电视节目委员会
主创人员：集体
作品时长：30分/集，共18集
播出栏目：《深度财经》
播出日期：2018年12月2日—10日

推荐理由

作品紧扣主题，选取了最具代表性、最能反映时代特征的事件，将观众带入改革开放的历史进程中，让观众对改革开放有更加真实、立体、全面的认知。平凡的人物故事展现了改革创新精神，展现了改革开放的光辉历程。

作品简介

该片采用4K高清设备、水下摄影等多种拍摄方式，讲述了107个典型的改革故事，采访了183位改革的亲历者、参与者、见证者，呈现了40年来中国时代的变迁和百姓生活的巨大变化，为全面深化改革凝心聚力。

新媒体展示

使用手机扫描下方二维码，即可观看本条获奖作品的新媒体展示。

作品标题

丝路上的钢铁“驼”队

作品信息

作品类型：电视类 · 专题
刊播单位：浙江广播电视集团
报送单位：浙江广播电视集团
主创人员：赵敏、焦征远、金俊、张晟、王志强、张寻
作品时长：28 分 56 秒
播出栏目：《融媒大直播》
播出日期：2018 年 12 月 25 日

推荐理由

该片通过不同人物的叙事视角，把故事连珠成线，在大背景下展现人物、故事和情绪。一镜式的调度使得沿线国家间的转场自然、连贯。该片地域跨度大、拍摄难度大、制作精美、故事生动、人物饱满。

新媒体展示

使用手机扫描下方二维码，即可观看本条获奖作品的新媒体展示。

作品简介

该片展现了世界上里程最长的铁路运输线“义新欧”中欧班列开通四年来的历程。作品精选了火车头司机、调车长、外籍商人等不同身份的人物的故事，从小切口延展出细腻的情感，使得钢铁“驼”队的故事饱满真实。

作品标题

四十城 四十年

作品信息

作品类型:电视类·专题
刊播单位:广州广播电视台等43家电视台
报送单位:中国广播电视社会组织联合会城市台电视新闻委员会
主创人员:集体
作品时长:30分/集,共42集
播出日期:2018年12月1日—2019年1月12日

推荐理由

作品立意高深、主题突出,不仅让广大观众看到了中国巨大版图上42个代表城市的发展亮点,而且展现出中国改革开放40年的光辉历程。同时,作品还有重要的历史文献价值,是今后研究中国改革开放和城市发展的重要史料。

作品简介

该专题由42集系列纪录片组成,反映了改革开放40年来中国42个城市的变迁。节目创作风格一致,统一包装审核,以"一条线、五个点、五个人物、五件事",生动折射出中国40年来波澜壮阔的发展变迁史。

新媒体展示

使用手机扫描下方二维码,即可观看本条获奖作品的新媒体展示。

作品标题

信仰之源
——陈望道与《共产党宣言》

作品信息

作品类型:电视类·专题
刊播单位:上海广播电视台
报送单位:上海广电协(学)会
主创人员:谢申照、黄山、朱骞、柯丁丁
作品时长:29 分
播出栏目:特别节目
播出日期:2018 年 5 月 5 日

推荐理由

作品史料翔实准确、情感真挚,化枯燥的思想内容为生动的讲述;以陈望道对《共产党宣言》的翻译为切入口,以小见大地讲述了共产主义思想在中国的传播和影响。该片播出后荣获了"2018 年第二批优秀国产纪录片"等多个奖项。

新媒体展示

使用手机扫描下方二维码,即可观看本条获奖作品的新媒体展示。

作品简介

该片以陈望道的生平为线索,重点讲述了他翻译《共产党宣言》的经过和早期的革命活动。作品通过走访陈望道的家乡、上海中共一大会址纪念馆等与《共产党宣言》相关的重要纪念地,展现了中国共产党人坚守信仰、不断奋斗的历程。

作品标题　生　者

作品信息

作品类型：电视类 · 专题
刊播单位：成都市广播电视台
报送单位：四川省广播电视协会
主创人员：张林林、李多思、邢航、李文娟、谭晟
作品时长：15 分 14 秒
播出栏目：《成都全接触》
播出日期：2017 年 5 月 19 日

推荐理由

人物典型生动、情感真挚动人、导向积极向上，是该节目呈现的三大特点。记者从寻人文章中获取线索，保持敏锐触角持续关注人物命运，纯熟掌控故事结构，最终成就了这篇打动人心的报道。

作品简介

2017 年 5 月 12 日，是“5 · 12”汶川大地震 9 周年纪念日。当天早上，一篇寻人文章在网络上被大量转发。该节目讲述了“5 · 12”汶川大地震后两位生者的故事，表达出震后生者的坚强，以及对生活的信念和希望。

新媒体展示

使用手机扫描下方二维码，即可观看本条获奖作品的新媒体展示。

作品标题 太行花开

作品信息

河北广播电视台

作品类型：电视类·专题
刊播单位：河北广播电视台
报送单位：中国广播电视社会组织联合会纪录片委员会
主创人员：肖芬、宋小朋、冷姝佳
作品时长：20分/集，共3集
播出栏目：特别节目
播出日期：2017年4月12日

推荐理由

《太行花开》体现了"一代人有一代人的担当"的精神内涵，弘扬了主旋律，传播了正能量。

新媒体展示

使用手机扫描下方二维码，即可观看本条获奖作品的新媒体展示。

作品简介

李保国响应"科技进太行"的号召，来到前南峪参与小流域治理。他深入科技扶贫第一线，开发了富岗苹果，发展了绿岭核桃产业，使太行山10万群众脱贫奔小康。

作品标题 “守岛英雄”王继才

作品信息

江苏省广播电视总台(集团)
JiangSu Broadcasting Corporation

作品类型:电视类 · 专题
刊播单位:江苏省广播电视总台
报送单位:江苏省广播电影电视协会
主创人员:集体
作品时长:22 分 45 秒
播出栏目:《新闻眼》
播出日期:2018 年 9 月 12 日

推荐理由

节目围绕习近平同志对王继才先进事迹的重要指示,全面展示了王继才对党忠诚、信念坚定的政治品格,胸怀祖国、心系国防的爱国情怀,爱岗敬业、舍家为国的奉献精神,以及不畏艰险、迎难而上的奋斗品质。

作品简介

江苏省广播电视总台融媒体新闻中心派出多路记者登岛实地拍摄,并结合王继才生前大量珍贵的视频资料,制作成专题片《“守岛英雄”王继才》,多角度、全方位再现了王继才守岛卫国 32 年的感人事迹。

新媒体展示

使用手机扫描下方二维码,即可观看本条获奖作品的新媒体展示。

作品标题

20小时争分夺秒 千余人彻夜救援
——直击“12·9”叙永山体滑坡救援现场

作品信息

作品类型：电视类·专题
刊播单位：泸州广播电视台
报送单位：四川省广播电视协会
主创人员：段涛、邱黎琳、詹奎、王衍超
作品时长：9分27秒
播出栏目：《泸州现在时》
播出日期：2018年12月13日

推荐理由

该专题片内容翔实、重点突出、时效性强，通过丰富的现场场景，将各级党委政府以人为本，不惜一切代价抢救伤员表现得淋漓尽致，场面壮观、细节突出、气氛紧张，真实反映了救援过程。

新媒体展示

使用手机扫描下方二维码，即可观看本条获奖作品的新媒体展示。

作品简介

2018年12月9日，泸州市叙永县分水镇分水村一社突发山体滑坡。事件发生后，泸州市、县、镇三级政府立即启动应急预案，多部门火速赶赴现场进行救援，上千人在废墟上展开了一场与死神赛跑、与时间竞争的大搜寻、大营救。

作品标题 “严打”之下的走私肉

作品信息

作品类型：电视类·专题
刊播单位：云南广播电视台
报送单位：云南省广播电视学会
主创人员：集体
作品时长：2 分 59 秒、2 分 41 秒、3 分 06 秒
播出栏目：《都市条形码》
播出日期：2018 年 5 月 10 日

推荐理由

记者多次冒着危险隐蔽采访，收集到的新闻素材充足、现场感强，再经过精心打磨，推出了这组完整的重量级报道。报道很快就有了回应。这组高质量报道有分量，有影响力，有传播力。

作品简介

2018 年 4 月初，群众举报在红河州金平县一处垃圾填埋场存在村民长期盗挖被填埋的走私冻肉的情况，已经形成挖、收、运、销的产业链。记者随即展开为期近两个月的调查采访，最终形成该报道。

新媒体展示

使用手机扫描下方二维码，即可观看本条获奖作品的新媒体展示。

作品标题

创新中国

作品信息

作品类型：电视类·专题
刊播单位：中央广播电视总台(央视)
报送单位：原中央电视台学会
主创人员：集体
作品时长：50分钟/集，共6集
播出栏目：特别节目
播出日期：2018年1月22日

推荐理由

《创新中国》一改大众对纪录片的固有认知，用多元化的表现手法将这部聚焦科技发展的纪录片做得有意思、有意义、有故事。观众从这部纪录片中感受到了祖国科技日新月异的发展，真正体验到了大国的科技自信。

新媒体展示

使用手机扫描下方二维码，即可观看本条获奖作品的新媒体展示。

作品简介

《创新中国》关注最前沿的科学突破、最新潮的科技热点，聚焦信息技术、新型能源、中国制造、生命科学、航空航天与海洋探索等前沿领域，用鲜活的故事记录当下中国伟大的创新实践。

中国广播电视大奖

电视类大奖 · 现场直播

作品标题　桥通港珠澳——港珠澳大桥通车特别节目

作品信息

作品类型：电视类·现场直播
刊播单位：中央广播电视总台(央视)
报送单位：原中央电视台学会
主创人员：集体
作品时长：2时31分
播出栏目：《新闻直播间》
播出日期：2018年10月23日

推荐理由

港珠澳大桥是全国乃至全球关注的超级工程，通车当天，习近平总书记亲临现场并宣布大桥正式开通。该特别节目方案极具创意，在重大工程成就报道的视觉表达和传播方面都进行了重大创新。

作品简介

港珠澳大桥是十九大之后交付的第一个世界级工程。中央广播电视总台特别推出全媒体报道《桥通港珠澳——港珠澳大桥通车特别节目》，直播大桥开通盛况。特别节目持续两个半小时，均值收视率0.38%，较前一日同时段提升46%，对新闻频道收视正贡献率高达173.7%。

新媒体展示

使用手机扫描下方二维码，即可观看本条获奖作品的新媒体展示。

作品标题

新时代，共享未来
——首届中国国际进口博览会直播特别报道

作品信息

作品类型：电视类·现场直播
刊播单位：上海广播电视台
报送单位：上海市广播电视协会
主创人员：集体
作品时长：52 分 17 秒
播出栏目：特别直播
播出日期：2018 年 11 月 6 日

推荐理由

直播报道以“见证中国进一步高水平扩大开放的坚定步伐、彰显中国推动建设开放型世界经济的责任担当”为主题，主旨立意鲜明、现场连线丰富、解读内容深刻，体现了较高的制播水准。

新媒体展示

使用手机扫描下方二维码，即可观看本条获奖作品的新媒体展示。

作品简介

该直播报道规模空前，信息容量巨大。直播中，多路记者深入进博会七大展区，引领观众近距离体验各类新奇特展品及丰富的配套活动。多条新闻背景片制作精良。虚拟前景、虚拟成片的应用，提升了直播“颜值”。

作品标题　万里山河万里情

作品信息

作品类型：电视类 · 现场直播
刊播单位：四川广播电视台
报送单位：四川省广播电视学会
主创人员：集体
作品时长：2 时 32 分
播出栏目：特别直播
播出日期：2018 年 5 月 12 日

推荐理由

作品主题鲜明、层次清晰、内容丰富、感染力强，融珍贵的资料画面、恢弘的航拍镜头、新颖别致的创意视频、隽永的文稿串词、精致的包装制作、娓娓道来的人物故事于一体，既有内涵，又有温度。

作品简介

在“5 · 12”汶川特大地震十周年之际，四川广播电视台策划推出直播特别节目《万里山河万里情》，将十年奋斗历程浓缩在两个半小时的直播中，用人物故事和生动画面唤起集体记忆、坚定“四个自信”、凝聚奋进力量。

新媒体展示

使用手机扫描下方二维码，即可观看本条获奖作品的新媒体展示。

作品标题

新时代 新气象 新生活
——吉林卫视跨年大直播

作品信息

作品类型:电视类·现场直播
刊播单位:吉林电视台
报送单位:吉林省广播电视协会
主创人员:集体
作品时长:3 时 48 分 44 秒
播出栏目:特别直播
播出日期:2017 年 12 月 31 日

推荐理由

《新时代 新气象 新生活——吉林卫视跨年大直播》立意新颖、主题鲜明、内容扎实、编排精巧、手段前卫,是省级电视媒体对新闻特别节目的大胆创新,具有示范意义。

新媒体展示

使用手机扫描下方二维码,即可观看本条获奖作品的新媒体展示。

作品简介

该节目围绕吉林省党建、经济、文化、民生、生态旅游等重点工作,以新闻大直播的形式展现了各个领域改革发展的成就。节目篇幅大、范围广、影响力强,多项新技术、新手段的运用使整台节目精彩纷呈。

作品标题　生命大接力特别直播

作品信息

作品类型:电视类·现场直播
刊播单位:杭州市广播电视台
报送单位:浙江省广播电影电视学会
主创人员:集体
作品时长:2 时 15 分钟
播出栏目:特别直播
播出日期:2017 年 5 月 4 日

推荐理由

直播准备时间短、意义重大,记录了国内首次直升机和民航客机联合转运脏器官的全过程,呈现了器官转运的关键环节。此次直播进行了媒体融合传播,影响深远,向观众传递了器官捐赠的大爱精神。

新媒体展示

使用手机扫描下方二维码,即可观看本条获奖作品的新媒体展示。

作品简介

此次直播以"生命大接力"为主题,突出了整个过程争分夺秒的紧迫感。直播对器官捐献进行了知识普及,同时对空中 120 急救作了介绍,并呼吁加强空中急救体系建设。

中国广播电视大奖

电视类大奖·栏目

作品标题 新闻联播

作品信息

作品类型：电视类 · 栏目
刊播单位：中国广播电视总台（央视）
报送单位：原中央电视台学会
主创人员：集体
播出周期：每日
播出频道：CCTV－1/CCTV－13
创办日期：1978 年 1 月 1 日

推荐理由

2018 年是《新闻联播》创办 40 周年。多年来，《新闻联播》一直紧跟时代潮流，把握时代脉搏，锐意进取，开拓创新，播出了大量与时代发展相适应的优秀报道，屡次获得各种国家级奖项。

作品简介

2017—2018 年度，《新闻联播》紧紧围绕改革开放 40 周年等重大事件，将习近平新时代中国特色社会主义思想宣传报道贯穿始终，守正创新，亮点纷呈，佳作迭出。节目得到上至中央领导，下至网友观众的高度评价。

新媒体展示

使用手机扫描下方二维码，即可观看本条获奖作品的新媒体展示。

作品标题

生活大数据

作品信息

作品类型：电视类·栏目
刊播单位：广东广播电视台
报送单位：广东省广播电影电视协会
主创人员：丁豫峰、彭思雁、欧黎斯、徐鹏、范易飞
播出周期：每周六
播出频道：广东卫视
创办日期：2016 年 8 月 20 日

推荐理由

《生活大数据》栏目组以“紧扣民生、挖掘数据、精美包装、全媒体发力”为节目制作要求，选题以民生需求为主线，以大数据为基础，深挖百姓生活数据背后的需求并提供信息服务推送。

新媒体展示

使用手机扫描下方二维码，即可观看本条获奖作品的新媒体展示。

作品简介

在全国多档生活类栏目中，《生活大数据》逐步形成了具有数据解构视角与解析切面的节目特色。2018 年，该栏目在内容创新、服务创新、资源整合上全面发力，制作了大量包含精美的平面动画、三维动画、动态数据的优质节目。

中国广播电视大奖

电视类大奖·对外传播

作品标题　最后的溜索出山路

作品信息

作品类型：电视类·对外传播
刊播单位：中央广播电视总台（央视）
报送单位：原中央电视台学会
主创人员：沈小蒙、陶源、罗才文
作品时长：3分41秒
播出频道：CGTN英语新闻频道
播出栏目：《环球瞭望》（*Global Watch*）
播出日期：2018年5月25日

推荐理由

该片是“两会”重要的配合报道系列“新时代·新作为”中的一集。选题以小见大地反映了中国新时代的变迁，并且将“扶贫”这一宏大的举措落实到具体的事件上，以最真实的事例展现中国扶贫道路的艰辛。

作品简介

该片真实反映了中国云贵川地区特有的一种“交通方式”——溜索，在“溜改桥”项目推进下最后的余温。节目在“鹦哥溜”拍摄，以溜索司机蒋世学每日“拉溜”的场面和朴实的谈话为切入点，体现了过去溜索在当地百姓婚丧嫁娶、贸易往来中的重要性。

新媒体展示

使用手机扫描下方二维码，即可观看本条获奖作品的新媒体展示。

作品标题　医道无界

作品信息

作品类型：电视类·对外传播
刊播单位：中央广播电视总台(央视)
报送单位：原中央电视台学会
主创人员：集体
作品时长：45分钟/集，共4集
播出频道：CGTN英语新闻频道
播出日期：欧洲版(四套)：2018年7月16日—19日；亚洲版(一套)：2018年8月19日、20日

推荐理由

《医道无界》是外宣纪录片的成功典范，讲述了中国坚持和平发展、合作共赢的故事，把一个开放包容的中国、一个文明进步的中国、一个坚持和平发展的中国、一个负责任的中国介绍给世界。

新媒体展示

使用手机扫描下方二维码，即可观看本条获奖作品的新媒体展示。

作品简介

该片聚焦55年来的援非医疗团体，既有展现中国55年医疗援非历史画卷的宏大开阔叙事，也有扎扎实实、催人泪下的感人故事，讲出了两万多名医疗队员践行“不畏艰苦、甘于奉献、救死扶伤、大爱无疆”精神的故事。

作品标题

家在青山绿水间
——信任如树

作品信息

作品类型：电视类·对外传播
刊播单位：广西广播电视台
报送单位：广西广播电影电视协会
主创人员：集体
作品时长：1时
播出栏目：国际频道特别节目
播出日期：2018年7月19日

推荐理由

这是一部内容精彩、制作精良的纪录片，以柬埔寨多个普通家庭的生活变迁为线索，反映中柬友好合作和"一带一路"建设为柬埔寨人民生活带来的实实在在的改善，以真实生动的影像，诠释中柬是肝胆相照的好朋友、情同手足的好邻居。

作品简介

该片作为中宣部"2017纪录中国"重点外宣项目，以"一带一路"携手柬埔寨"四角战略"为时代背景，着眼不同领域的柬埔寨普通人的故事，展示中柬合作给柬埔寨社会发展带来的新成果、新风貌和新气象。

新媒体展示

使用手机扫描下方二维码，即可观看本条获奖作品的新媒体展示。

作品标题 山高水长

作品信息

作品类型:电视类·对外传播
刊播单位:扬州广播电视台
报送单位:江苏省广播电影电视协会
主创人员:集体
作品时长:43分18秒
播出栏目:《新唐风》
播出日期:2018年12月20日

推荐理由

作品主创人员通过两国六地、行程数万公里的采访,拍摄了大量珍贵素材。作品内容丰富、文字温暖、制作精良,真实立体地呈现了东亚文化的发展脉络,展现了中国文化自信的底气与格局。

新媒体展示

使用手机扫描下方二维码,即可观看本条获奖作品的新媒体展示。

作品简介

作品以"民相亲""心相通""情相融"为主题,通过清代文人画《秋史饯别图》的前世今生,将中国学者阮元与韩国大家金正喜的挚交深情娓娓道来,并讲述了正在延续两个家族友谊的两位六世孙阮锡安和金光镐的故事。

作品标题　留住长江的微笑

作品信息

作品类型：电视类 · 对外传播
刊播单位：安徽广播电视台
报送单位：安徽省广播电视协会
主创人员：集体
作品时长：30 分
播出栏目：《感知安徽》
播出日期：2018 年 12 月 31 日

推荐理由

本片是环保题材的纪实性报道，以区域带全局，有效回应了国际关切；具有创新的节目形式和新潮的影像呈现；从策划到播出，融媒意识贯穿始终，是中国故事国际表达的佳作。

作品简介

节目旨在通过江豚保护这一切口，展现新形势下推动长江经济带发展的重要意义，让海内外观众更加直观地了解中国为生态环境保护和经济发展所做的努力和所取得的实效。

新媒体展示

使用手机扫描下方二维码，即可观看本条获奖作品的新媒体展示。

作品标题　中菲友好合作新时代

作品信息

作品类型：电视类·对外传播
刊播单位：深圳广播电影电视集团
报送单位：广东省广播电视协会
主创人员：陈红艳、钟铮、罗施安、刘达奇、焦喆、狄竞
作品时长：《共赢之道》4 分 6 秒，《希望之源》3 分 59 秒
播出栏目：特辟时段
首发日期：2018 年 11 月 19 日

推荐理由

《中菲友好合作新时代》是中共中央对外联络部委托深圳广播电影电视集团拍摄制作的，在 2017 年国家主席习近平对菲律宾进行国事访问时在菲律宾当地最大的电视台和主流网站播出，该片主题重大、立意深远，采访了菲律宾总统杜特尔特等多位重量级政要，既有小人物的故事也有政要的权威声音。

新媒体展示

使用手机扫描下方二维码，即可观看本条获奖作品的新媒体展示。

作品简介

《中菲友好合作新时代》在有限的时空里，展现了丰富的采访细节，信息量大，富有感染力。节目播出后，有效增进了中菲两国民众的互信，实现了对外传播形式的突破。

图书在版编目(CIP)数据

中国广播电视大奖新媒体展示手册:2017—2018年度广播电视节目奖获奖作品/范卫平主编. --北京:中国传媒大学出版社，2021.3

ISBN 978-7-5657-2915-7

Ⅰ.①中… Ⅱ.①范… Ⅲ.①广播电视—传播媒介—手册 Ⅳ.①G229.2-62

中国版本图书馆CIP数据核字(2021)第054936号

中国广播电视大奖新媒体展示手册:2017—2018年度广播电视节目奖获奖作品

ZHONGGUO GUANGBO DIANSHI DAJIANG XINMEITI ZHANSHI SHOUCE: 2017—2018 NIANDU GUANGBO DIANSHI JIEMUJIANG HUOJIANG ZUOPIN

主　　编　范卫平
策划编辑　王雁来
责任编辑　王雁来
封面设计　风得信设计·阿东
责任印制　李志鹏

出版发行　中国传媒大学出版社
社　　址　北京市朝阳区定福庄东街1号　　**邮　　编**　100024
电　　话　86-10-65450528　65450532　　**传　　真**　65779405
网　　址　http://cucp.cuc.edu.cn
经　　销　全国新华书店

印　　刷　北京中科印刷有限公司
开　　本　710mm×1000mm　1/16
印　　张　9.25
字　　数　174千字
版　　次　2021年7月第1版
印　　次　2021年7月第1次印刷

书　　号　ISBN 978-7-5657-2915-7/G·2915　　**定　　价**　78.00元

本社法律顾问:北京李伟斌律师事务所　郭建平